VENTE

D'UNE NOMBREUSE COLLECTION

DE

TABLEAUX

DES DIFFÉRENTES ÉCOLES,

provenant du château de Petit-bourg

PLACE VENDOME, 14,

Les 22, 23, 24, 25, 26, 27 et 28 Avril 1840.

EXPOSITION PARTICULIÈRE

LE SAMEDI 18 AVRIL.

Pour l'exposition particulière, il sera délivré des billets d'entrée chez MM. les commissaires-priseurs et les experts.

EXPOSITION PUBLIQUE

Les 19, 20 et 21 Avril 1840,

DE MIDI A CINQ HEURES.

Nota. A l'entrée de la Salle de l'Exposition il sera délivré des Catalogues à raison de 50 centimes, au profit des Pauvres du 2me arrondissement.

CATALOGUE

D'UNE NOMBREUSE ET INTÉRESSANTE COLLECTION

DE

TABLEAUX

DES ÉCOLES ITALIENNE, ESPAGNOLE, FLAMANDE, HOLLANDAISE ET FRANÇAISE,

PROVENANT DU CHATEAU DE PETIT-BOURG,

DONT LA VENTE AURA LIEU

PLACE VENDOME, 14,

Le Mercredi 22 Avril et les six jours suivans,

à une heure précise,

Par le ministère de Mes BONNEFONS-DE-LAVIALLE, commissaire-priseur, rue de Choiseul, 11, et DEBERGUE, avocat, commissaire-priseur, rue des Jeûneurs, 16;

ASSISTÉS

De MM. PAILLET, expert-honoraire du Musée royal, rue Grange-Batelière, 24, et GÉRARD, peintre-expert, rue du Sentier, 26.

EXPOSITION PARTICULIÈRE

LE SAMEDI 18 AVRIL.

Pour l'exposition particulière, il sera délivré des billets d'entrée chez MM. les commissaires-priseurs et experts.

EXPOSITION PUBLIQUE

Les 19, 20 et 21 Avril, de midi à cinq heures.

PARIS.

IMPRIMERIE ET LITHOGRAPHIE DE MAULDE ET RENOU,
Rue Bailleul, 9 et 11, près du Louvre.

1840

(1932)

AVERTISSEMENT.

Nous avons suivi pour les attributions ce que notre conscience nous a suggéré et les documens traditionnels qui nous ont été présentés. Nous laissons à MM. les amateurs et connaisseurs le soin de rectifier ce qui pourraient leur paraître erronné.

Nous nous sommes abstenus de tous éloges qui pourraient donner lieu à quelques dispositions influentes de notre part.

L'ordre numérique du catalogue sera suivi depuis le nº 1 jusqu'au nº 462, sans interruption. Ainsi,

La première vacation comprendra du nº 1er au nº 70;

La deuxième, 71 à 113. Pour terminer la deuxième vacation, on vendra, sous le nº 114, une nombreuse collection d'estampes imprimées en couleurs coloriées, dessins, etc.;

La troisième vacation comprendra du nº 115 à 189;

La quatrième, 190 à 260;

La cinquième, 261 à 331;

La sixième, 332 à 396;

La septième, 397 à 462.

Cinq pour cent en sus des enchères.

CATALOGUE

D'UNE NOMBREUSE COLLECTION

DE

TABLEAUX

DES DIFFÉRENTES ÉCOLES

PREMIÈRE VACATION.

M. LECOMTE.

1 — Un jeune chevalier faisant une lecture à trois dames qui l'écoutent attentivement.

M. PINGRET.

2 — La remontrance du frère religieux.

M. MAIGNEN.

3 — Les hussards et la servante à la cuisine.

M. LEDUC.

4 — Une dame regardant furtivement ce que son mari écrit.

M. LECOMTE (Hippolyte).

5 — Les soldats de la garde impériale au bivouac.

COENE.

6 — La dame à la guinguette en Flandre.

LECOEUR.

7 — La prière pendant l'orage.

M. PINGRET.

8 — Un alchimiste dans son laboratoire.

M. MAIGNEN.

9 — La marchande de volaille et la fraternisation des hussards.

Une jeune servante montrant à une vieille femme une oie qu'elle apporte du marché.

BOUCHER.

10 — Un berger remet un billet à une bergère endormie ainsi que ses compagnes, et lui baise la main.

M. VAN DER BURCH

11 — Vache et deux moutons au pâturage.

M. SAINT-AUBIN.

12 — Intérieur sépulcral : un religieux montre à un chevalier et sa dame deux tombeaux.

M. GUET.

13 — Le hussard demandant à une jeune villageoise le lieu indiqué pour son logement

LEPRINCE (Louis).

14 — La danse au village.

M. BULARD de Lyon.

15 — Deux jeunes savoyards trouvant un lézard dans la campagne.

M. PINGRET.

16 — Deux jeunes suissesses chez un médecin qui leur donne une fiole.

M. SHOEFFER.

17 — Le vieux soldat et la jeune famille.

DESMOULINS (Auguste).

18 — Des Pifférares devant une madone.

M. L. BOULANGER.

19 — Deux femmes promenant un enfant assis sur un âne.

LECOEUR.

20 — Enfant tirant les moustaches au cuirassier.

CHEVALIER VEUGHEL.

21 — Le désespoir du couvent.

M. PINGRET.

22 — Les deux époux arrivant en consultation.

LE ROY DE LIANCOURT.

23 — Deux enfans en prière.

INCONNU.

24 — L'homme entre le vice et la vertu.

M. PINGRET.

25 — Jeune fille instruisant un perroquet.

VALIN.

26 — Bacchante exprimant une grappe de raisin : elle est environnée d'amours.

M. PERROT (Ferdinand).

27 — Paysage marin : vue prise à Nantes.

FRAGONARD.

28 — Le chasseur trompé par sa femme.

FOUQUET.

29 — Le joueur de marionnettes à la planchette.

Mme GRANDPIERRE (Adrienne).

30 — La fille mal gardée : un jeune garçon l'embrasse pendant que sa mère dort.

31 — Le portrait dérobé. Riche composition de six figures.

GREUSE (Ecole de).

32 — Tête de jeune fille.

FRAGONARD.

33 — Le verrou : sujet gravé.

34 — Deux pendans : sujet villageois.

LORDON.

35 — Raphael malade a près de lui la belle Fornarina, sa maitresse.

VALLIN.

36 — Portrait de mademoiselle Lange, célèbre danseuse de l'Opéra.

GREUSE

37 — Portrait de Marie Stuart.

ROEHN.

38 — Le savetier ivre rentrant dans sa famille.

MIGNARD.

39 — Portrait d'une dame tenant un petit chien.

WATTEAU (Ecole de).

40 — Société dans un parc : une dame se fait dire la bonne aventure.

HORMANS.

41 — Un concert de société.

MALLET.

42 — Une dame de distinction montrant à lire à son fils.

M. LA JOIE.

43 — Petit paysage avec voiture chargée de gerbes, et son pendant.

44 — Paysage avec rivière, et société faisant une promenade sur l'eau.

45 — Deux petits paysages, pendans.

Mademoiselle LEDOUX.

46 — L'enfant à la pomme.

COLOMBEL.

47 — Europe, au milieu de ses compagnes, est assise sur le taureau. Gracieuse composition.

COYPEL.

48 — L'amour endormi.

DANLOUX.

49 — Jeune fille : tête d'étude.

ECOLE FRANÇAISE.

50 — Deux tableaux de forme ronde représentant des jeux de l'enfance.

M. FINARD.

51 — Marche de cosaques : cavaliers accompagnés d'un officier russe.

M. BOUCHOT.

52 — Un intérieur de cour : une servante tire de l'eau d'un puits.

FLEURY (Léon).

53 — Un religieux éveillant une femme endormie dans la campagne.

DEMARNE.

54 — Intérieur : des villageois écoutant la lecture d'une lettre.

DELIANCOURT.

55 — Jeune enfant tenant un panier de raisin.

BILCOCQ.

56 — Intérieur de la maison d'un marchand arménien.

PIERRE.

57 — Société rassemblée dans un parc, près d'une statue de Diane.

CHÉRON.

58 — Jeune demoiselle tenant une perruche que veut prendre un jeune garçon.

Mademoiselle LEDOUX.

59 — Tête de jeune fille exprimant la réflexion.

PINGRET.

60 — Les trois suissesses.

PEETERS (Jean).

61 — Petite marine : effet de gros temps.

LECOEUR.

62 — Deux jeunes enfans égarés dans la campagne.

PREVOST.

63 — Deux beaux bouquets de fleurs dans des vases.

Le Chevalier FAVARAY.

64 — Orgie d'un grand seigneur dans un petit bosquet.

LEGRAND (Jenni).

65 — Une marchande de fruits et de légumes dans un intérieur. Tableau d'une grande finesse d'exécution.

M. LE POITTEVIN.

66 — Intérieur de parc, avec nombre de figures en costume du temps de Louis XIII

SCHEWICKHART.

67 — Vue d'un petit port en Hollande.

M. SCHEFFER (Henry).

68 — L'arrivée du bûcheron qui apporte un nid d'oiseaux à ses enfans.

POUSSIN (Nicolas).

69 — Le Martyre de Saint-Erasme. Esquise du grand tableau.

M. JOLLIVET.

70 — Interrogatoires de bandits espagnols, chez un alcade.

DEUXIEME VACATION.

M. LACROIX.

71 — Favorite présentée au Sultan par un eunuque maure.

MIGNART le Romain.

72 — Les deux enfans de Louis XIV, jouant ensemble.

M. FERRI.

73 — Vue de Rouen, prise du côté de Saint-Macloud.

DANLOUX.

74 — Jeune dame tenant une flèche, et la montrant en riant.

M. LE COMTE.

75 — La démonstration du jeune mathématicien. Sujet tiré de la vie de Henri IV.

M. LEROUX.

76 — Paysage peint au fixé.

M. FERRI.

77 — Vue de la vallée du Rhône et dans le fond du Mont-Blanc.

M. MONSIAU.

78 — Jeune femme entourée d'amours et venant consulter la Pythonise.

LANCRET.

79 — Deux petites scènes pastorales.

VALIN.

80 — Deux nymphes cherchant à retenir l'amour.
81 — Vénus regardant ses colombes.

LARGILLIÈRE.

82 — Portrait d'un financier dans le riche costume du temps de Louis XIV, et pour pendant le portrait de sa femme.

ARELLIANO.

83 — Un bouquet de différentes fleurs dans un vase posé sur une table.

LANCRET.

84 — Les deux tête-à-tête.

BOUCHER ou son École.

85 — Jeunes enfans faisant de la musique

GREUSE.

86 — Portrait de sa femme dans le costume de campagne.

M. Léon FLEURY.

87 — Le petit savoyard colporteur au repos.

M. DUVAL LE CAMUS.

88 — Le ramoneur et la jeune fille à l'oiseau.

M. BIDAULT de Lyon.

89 — Quatre sujets nature morte.

FRANQUELIN.

90 — Jeune femme de berger au repos dans la campagne de Rome. Bon tableau de ce maître.

HENRY SCHEFFER.

91 — Les consolations de la jeune mère de famille. Intérieur de ménage; une jeune femme et ses enfans.

SENAVE.

92 — La fileuse dans son intérieur de ménage.

DROLING.

93 — Les musiciens ambulans à la porte d'une habitation de villageois.

GUERIN.

94 — La brouille et le raccommodement. Deux charmantes compositions, pendans.

FRANQUELIN (ou son école).

95 — Jeune brodeuse éplorée.

COENE.

96 — Des fumeurs lutinant une jeune fille à la porte d'un cabaret.

MICHEL.

97 — Un camp et tous ses détails.

DEMARNE.

98 — Le passage du bac.

LEDOUX (mademoiselle).

99 — Jeune fille blonde, appelant son serin.

F. BOUCHER. (1754.)

100 — Vénus tenant un tambour de basque, et jouant avec l'amour.

BIARD.

101 — Le petit savoyard messager.

LECLERC DES GOBLINS.

102 — Des moissonneurs se reposant à l'ombre d'un massif d'arbres.

103 — Et pour pendant des vendangeuses.

MALEBRANCHE.

104 — Vue des côtes de la ville de Caen, et figures de patineurs.

105 — D'après M. Horace Vernet. Le retour du lancier porte-drapeau.

GERARD (L. A.)

106 — Vue de l'intérieur du port de Nantes, côté de la Fosse.

LENAIN.

107 — Mendians jouant aux cartes.

COENE.

108 — Jeux populaires usités dans les kermès de Belgique.

ROEHN.

109 — Repas d'un seigneur castillan près d'un bassin : sa dame tient un enfant qui donne à manger à un cygne.

LEDOUX (mademoiselle).

110 — Jeune fille au regard baissé.

ROEHN.

111 — L'intérieur de ménage du savetier.

MAELLA.

112 — La famille de Charles IV d'Espagne. Esquisse d'un grand tableau.

PAR UN ÉLÈVE DE GROS.

113 — Les pestiférés de Jaffa, dessinés sous la direction du maître, et ayant servi de modèle pour l'estampe gravé par M. Jazet.

114 — Environ cent estampes imprimées en couleur ou coloriées, représentant des chasses, sujets d'histoire, mythologiques et autres, et une suite de gouaches.

Toutes ces estampes et dessins sont parfaitement encadrés et en très bon état de conservation.

TROISIÈME VACATION.

TREVISANI.

115 — Le Christ soutenu par des anges. Esquisse.

LOPEZ (Cristobal).

116 — L'adoration des bergers.
116 bis — La circoncision.

LAFOSSE.

117 — Le Christ en croix.

BONEN (Arnold).

118 — Deux figures, pendans : effet de lumière.

VASQUEZ (Alonso).

119 — Saint Michel terrassant le démon.

VELAZQUEZ.

120 — Groupe de poissons posés sur une table.

MENESES.

121 — L'enfant Jésus couché.

FRANCK (Séb.).

122 — La mise au tombeau.

ÉCOLE ESPAGNOLE.

123 — Apparition à sainte Thérèse.

VOUET.

124 — L'assomption de la Vierge.

COYPEL.

125 — Vertumne et Pomone.

TÉNIERS (D'après).

126 — Réduction de l'œuvre de Charité. Copie d'un tableau du Musée.

BERCHEM (D'après).

127 — Marche d'un troupeau conduit par deux femmes. Copie d'un tableau du Musée.

ECOLE DU CORRÈGE.

128 — Une Madeleine appuyée sur une tête de mort.

VILLA VICENCIO.

129 — Deux grands et beaux tableaux pendans, représentant des fruits et des fleurs de toutes espèces, groupés avec des enfans.

VELAZQUEZ.

130 — Portrait de Philippe IV.

VELA (Antonio).

131 — Saint François Stigmatisé.
Saint Jérôme, ermite.

INCONNU.

132 — Une petite Madeleine.
Saint évangéliste écrivant.

HERRERA EL VIEJO.

133 — Jésus célébrant la cène au milieu de ses disciples.

MATEO CÉREZO.

134 — Une Madeleine.

ALBINI (Alexandre).

135 — Saint Jérôme écoutant la trompette de l'ange.

VELAZQUEZ.

136 — Un aveugle, tâtant les proportions d'une figure.

MURILLO.

137 — L'adoration des mages.

DIAZ (Valentin).

138 — Le Christ portant sa croix.

PARMESAN.

139 — Concert par des déesses.

P. DE MOYA.

140 — Le Martyre d'un saint.

PIERRE DE MOYA.

141 — L'adoration des bergers.

GUARDI.

142 — Vue d'une place de la ville de Venise.

CANO (Alonso).

143 — Portrait d'un chevalier de Saint-Jacques.

LE BOURGUIGNON.

144 — Une marche d'armée.

CORRÈGE (D'après).

145 — Vénus corrigeant l'amour.

INCONNU.

146 — Des grimaciers.

ECOLE FLAMANDE.

147 — Scène de siéges : intérieur de corps-de-garde hollandais.

GÉRARD DE LAIRESSE.

148 — Diane et deux nymphes.

DIEPENBECH.

149 — Marche de Silène avec tout son cortége.

CARRACHE.

150 — La chaste Suzanne. Petit tableau.

LANFRANC.

151 — Saint Jean, apôtre.

FERNANDEZ.

152 — Un saint religieux en prière.

CORNIL HAGHEN.

153 — Mars, Vénus et les amours.

ZURBARAN.

154 — Le Christ au moment de sa passion implore son père qui lui apparaît dans les cieux.

ÉCOLE FLAMANDE.

155 — La sainte famille et sainte Anne dans un paysage.

CARRACHE (Annibal).

156 — Paysage avec voyageurs. Sujet d'Histoire sainte.

VILLA VICENCIO.

157 — La Vierge, tenant son fils dans ses bras, fait une lecture dans un livre.

LE GUIDE.

158 — Un ange tenant une banderole.

PROCACCINI.

159 — La Vierge adorant son divin fils.

MARRATI.

160 — La Madeleine en pleurs.

ÉCOLE FLORENTINE.

161 — L'adoration des bergers.

LOCATELLI.

162 — Deux paysages ornés de figures.

CARRACHE (Augustin).

163 — Un Ecce homo.

HERERA.

164 — Saint Jérôme.

DOSSO DOSSI (Ecole de).

165 — La sainte famille. Petit tableau sur bois.

ECKOUT (Van den).

166 — Un berger tenant une houlette et un anneau.

MORALÈS.

167 — Le Christ couronné d'épines. Ce tableau rappelle un ouvrage de Carrache.

FIAMINGO.

168 — La mise au tombeau. Petit tableau.

TILBORGH.

169 — Hommes et femmes à la tabagie.

GUIDE.

170 — Une femme coiffée d'un turban blanc.

PIAZETTA.

171 — Un saint Pierre.

CARRACHE.

172 — Thésée montrant à ses ennemis la tête de Méduse, qui les pétrifie.

ÉCOLE FLAMANDE.

173 — Le Christ en croix.

CRISTOBAL (Lopez).

174 — L'Annonciation à la Vierge : le Père Eternel apparaît entouré d'une gloire.

DOLCI (Agnès).

175 — Une tête de Vierge.

PARMESAN.

176 — La sainte famille dans un parc est servie par des anges.

ÉCOLE LOMBARDE.

177 — Prédication d'un religieux dans une place publique, devant un nombreux auditoire.

MORENO.

178 — Portrait d'un prémontré.

SCHIDONE.

179 — La Vierge montrant à lire à son divin fils ; près d'elle est saint Joseph.

HERRERA le Vieux.

180 — Tête d'un saint ermite.

BERCHEM (Vander).

181 — Paysage avec bergère trayant une brebis au milieu des autres bestiaux.

TRISTAN.

182 — La Madelaine dans un paysage.

ÉCOLE ITALIENNE.

183 — Tête de saint.
183 bis — L'enfant Jésus et le petit saint Jean.

ALBANE.

184 — L'assomption de la Madeleine.

ZURBARAN.

185 — Le Christ en croix.

SCHUTT.

186 — Saint Sébastien secouru par un ange.

CALDARA.

187 — (Polidore). Sujet religieux.

VELAZQUEZ.

188 — Portrait d'homme tenant l'attribut du sens de la vue.

BRANDI.

189 — Des veaux et brebis gardés par un pâtre. Figures grandes comme nature.

QUATRIÈME VACATION.

LOMI.

190 — La Vierge tenant son divin fils. Petit tableau sur cuivre.

HOOGENBERG.

191 — Une Vierge en contemplation : sur cuivre.

VAN KESSEL.

192 — Un héron, des canards et autres oiseaux attaqués par des chiens.

MURILLO (D'après).

193 — L'enfant Jésus pasteur.

BRAWER.

194 — Une tabagie : une jeune femme paraît plaisanter un buveur qu'elle prend par le menton.

CANALETTI.

195 — Vue du grand canal de Venise.

ANTOLINEZ.

196 — L'adoration des bergers.

CRISTOBAL (Lopez).

197 — La Circoncision de Notre-Seigneur.

OFFENBACH.

198 — L'annonciation à la Vierge.

POEL (Van der).

199 — Paysage avec habitations entourées d'arbres et bordant une rivière : un grand nombre de barques paraissent apporter des villageois à une kermès.

DYCK (D'après Van).

200 — La sainte Vierge en pleurs et les mains jointes.

GRECO (El).

201 — Un religieux écrivant.

ROSE DE TIVOLI.

202 — Paysage avec pâtre conduisant des bestiaux.

RIBERA (Joseph).

203 — Un saint Paul.

HERMAN d'Italie.

204 — Paysage : sur le devant une bergère parle à un pâtre qui garde quelques bestiaux.

MIERIS (Guillaume).

205 — Une dame ouvrant une boîte dont sort un oiseau.

LOPEZ CARO.

206 — L'éducation de la Vierge. Un ange offre des fleurs à sa mère : cette scène est représentée dans l'intérieur d'un palais.

FALCONE (Anello).

207 — Deux batailles : forme de frise.

STELLA.

208 — La Vierge, soutenue par des anges, apparaissant à saint Antoine de Padoue.

OTTO VENIUS.

209 — La sainte famille et le petit saint Jean baisant les pieds de l'enfant Jésus.

ROTENHAMER.

210 — La Vierge, Jésus et le petit saint Jean, caressé par l'enfant Jésus.

DOLCI (Carlo).

211 — Le Christ au tombeau, petit tableau de forme ovale.

TENIERS (David).

212 — Intérieur d'estaminet.
213 — Concert de villageois flamands.

MURILLO.

214 — L'enfant Jésus apparaissant à saint Antoine de Padoue en prière.

POUSSIN (Nicolas).

215 — Une bacchanale devant un temple.

WOUVERMANS (D'après).

216 — Paysage : un villageois s'apprête à charger du bois sur un cheval blanc qui est près de lui; d'autres villageois et des enfans occupent les premiers plans.

BOUCHER.

217 — L'Amour voltigeant un flambeau à la main ; au-dessus, de nombreux groupes d'enfans jouant avec des fleurs dans un bosquet.

ZUCCARO.

218 — Le Christ à la colonne.

BATONI (Pompeo).

220 — Petite tête de Madeleine regardant le ciel.

BLOEMERT.

221 — Le repos de la Vierge dans un paysage et servie par des anges.

ROTENHAMER.

222 — L'assemblée des dieux. Riche composition d'une très belle couleur et d'un fini précieux.

OMÉGANCK.

223 — Paysage avec bestiaux dans une prairie. Tableau de la première manière de ce maître.

ROTENHAMER.

224 — Une Bacchanale ou fête de Bacchus. Tableau très fin et bien conservé.

MORO (Antonio).

225 — Portrait d'homme portant une collerette.

LE CORRÈGE (D'après).

226 — La Vierge ayant sur ses genoux l'enfant Jésus.

ALBANE.

227 — Des anges envoyés par Dieu indiquent aux enfans le chemin du ciel.

PARMESAN.

228 — Un portrait d'homme.

CARRACHE (Ecole du).

229 — La nymphe Io et Jupiter.

MIGNARD.

230 — Portrait d'une dame désarmant l'amour. Petite dimension.

JULES ROMAIN (Attribué à).

231 — La sainte famille, sainte Anne et le petit saint Jean. Figures de proportion humaine.

BASSAN.

232 — L'adoration des bergers. Belle composition d'une couleur brillante et d'une parfaite conservation.

RUBENS (Attribué à).

233 — La sainte famille se reposant dans un paysage : auprès d'elle sainte Anne et le petit saint

Jean. Composition capitale grande comme nature.

RIBERA (Joseph).

234 — L'enfant prodigue gardant un troupeau de moutons. Figures grandes comme nature.

CIRO FERRI.

235 — Deux sujets tirés de l'histoire. Ces deux belles compositions, bien peintes et d'une très belle couleur, font pendans.

SOLIS.

236 — Sainte Cécile, jouant de la mandoline, est accompagnée par un ange tenant une basse et la guidant. Figures grandeur naturelle.

RONDANI (D'après).

237 — La liseuse.

DOLCI (Agnès).

238 — La sainte Vierge les mains croisées sur la poitrine.

SNEYDERS.

239 — Une meute de chiens attaquant un loup qui vient de tuer un jeune cerf.

POLANCOS.

240 — Un saint cardinal en adoration devant la croix.

ÉCOLE LOMBARDE.

241 — Diane surprise au bain par des chasseurs.

COELLO (Claudio).

242 — Saint Jean prenant de l'eau dans une coquille pour donner à boire à son agneau.

BOLL (Ferdinand).

243 — Saint Jean parlant à Hérodias et à sa fille.

COELLO (Claudio).

244 — La Vierge, entourée d'anges, apparaissant à un saint religieux.

BIBIANE.

245 — L'arc de triomphe de Vespasien et divers monumens de la ville de Rome.

PRIMATICE.

246 — Vénus entourée des amours.
247 — L'abondance et les élémens, représentés par une femme nue tenant une gerbe de blé, ayant près d'elle de jeunes enfans tenant les attributs des élémens.

VAGA (Perrin del).

248 — Le repos de la sainte famille dans un paysage.

TOBAR (Miguel de).

249 — Saint Michel, entouré de chérubins et tenant une croix, terrasse les démons.

GUIDE (Ecole du).

250 — La charité romaine.

VAN LINT.

251 — Renaud et Armide, et pour pendant les Quatre Saisons.

LÉONARD DE VINCI (Ecole de).

252 — Cléopâtre, mourant, a près d'elle sa suivante.

VANDERCABEL.

253 — Samson mettant le feu aux moissons des Philistins.

MORALES.

254 — La sainte Vierge tenant le Christ mort sur ses genoux.

NETSCHER (Attribué à).

255 — De jeunes enfans caressant un chien de chasse.

VAN BREDA.

256 — Pâtres et bestiaux dans la campagne auprès des portes d'une ville d'Italie.

LONDONIO.

257 — Un pâtre endormi en gardant son troupeau, près de lui sa femme et un jeune garçon.

CARLE DE MOOR.

258 — Jeune princesse élégamment vêtue et tenant des fleurs dans sa robe : deux enfans, personnages de distinction, jouent avec un épagneul.

ROTENHAMER.

259 — Repos de la Sainte-Famille.

SASSO FERATO.

260 — Vierge aux mains jointes.

CINQUIÈME VACATION

VAN KESSEL.

261 — Concert par des chats.

VAN KESSEL.

262 — Oiseaux et quadrupèdes. Deux pendans.

VANSTRAVEREN.

263 — Vieille dame hollandaise assise devant une Bible.

BREEMBERG (Attribué à).

264 — Deux tableaux de forme ovale : sujet mauresque.

ÉCOLE DE GUERCHIN.

265 — La Vierge, l'enfant Jésus, saint Jean et saint Joseph.

PLATZER.

266 — Jésus jardinier, apparaissant à la Madeleine, et pour pendant les pélerins d'Emaüs.

RAYS DEVIÈRE.

267 — Un fumeur tenant sa pipe et un pot de bierre.

FRANCK (Sébastien).

268 — Le festin du mauvais riche.

CORRÈGE (D'après).

269 — La Vierge tenant dans ses bras son divin fils.

CRANACK (Lucas.)

270 — Le Christ couronné d'épines.

SASSO FERRATO.

271 — D'après Raphael. La Vierge tenant sur ses genoux son divin fils.

CRANACK (Lucas).

272 — Le Christ à la colonne, flagellé par des bourreaux.

CORRÈGE (Attribué à).

273 — Des anges annonçant la parole de Dieu à un homme prosterné.

CORÈRGE (Ecole du).

274 — La Vierge, l'enfant Jésus et sainte Catherine.

CARRACHE (Augustin).

275 — Saint François Stigmates, sontenu par un ange, est béni par l'enfant Jésus qui est sur les genoux de la Vierge.

VAN DER DAYLE.

276 — Paysage avec marche de bestiaux. Composition dans la manière de Bénédicte de Castiglione.

DENNER (Genre de).

277 — Tête d'homme portant une fourrure.

VAN HELLEMONT.

278 — Un médecin dans son laboratoire regarde le contenu d'une fiole que vient de lui remettre une femme qui attend le résultat de ses observations : les devans sont enrichis de grand nombre d'accessoires.

BISCAYE.

279 — La sainte famille. Petit tableau sur cuivre.

BONI (Giovani).

280 — L'amour se reposant dans un paysage.

281 — Un jeune homme tenant un perroquet, et à ses pieds une tortue : sujet allégorique.

SASSO FERRATO (Attribué à).

282 — La sainte Vierge les mains jointes. Petite dimension.

JANNET.

283 — Portrait de femme, coiffure et ajustement des Médicis.

FRANCKHALS.

284 — Les bourgmestres, fumeurs en grande liberté.

VAN HELLEMONT.

285 — Deux femmes et deux fumeurs près d'une table.

C. POELEMBURG.

286 — Le ravissement de la Vierge, enveloppée de nuages : elle est soutenue par des anges.

287 — L'adoration des bergers, au-dessus une gloire d'anges.

ALDEGRAVER.

288 — La visite de la Vierge à sainte Anne.

GAROFOLO.

289 — La sainte famille. Petit tableau de forme ronde.

GUIDE (Ecole du).

290 — L'annonciation : l'ange supporté par les nuages apparaît à la Vierge et lui montre le ciel où l'on aperçoit le Saint-Esprit qui descend.

GERARD DE LAIRESSE.

291 — Nymphe chasseresse poursuivant l'amour avec sa flèche.

POELEMBURG.

292 — La sainte famille dans un paysage : saint Joseph présente un fruit à l'enfant Jésus.

ECOLE DU CORRÈGE.

293 — La Vierge et l'enfant Jésus.

GRIMALDI.

294 — Paysage : Pan surprenant des bergers amoureux.

GIORDANO (Lucas).

295 — Bacchus et Ariane : figures grandes comme nature.

ÉCOLE ITALIENNE.

296 — Abigaïl à genoux et entourée de ses femmes, offre des présens au roi David, assis sur son trône.

297 — La Vierge et saint Joseph adorant l'enfant Jésus.

PARMESAN.

298 — La femme adultère.

JANOECK.

299 — Société faisant un repas champêtre et la collation au son de la mandoline. Deux tableaux

formant pendans, et rappelant les spirituelles productions de Watteau.

MURILLO.

300 — L'enfant Jésus, portant une croix, est entre la Vierge et saint Joseph.

LELY (Le chevalier).

301 — Portrait de Charles Ier portant une cuirasse.

ROMYN (Van).

302 — Des bestiaux sur une montagne.

ECCKOUTE (Van der).

303 — Portrait Rembrandt, son maître.

ROOS PHILIPPE.

304 — Pâtres et bestiaux dans un paysage.

MURILLO.

305 — Saint Joseph conduisant l'enfant Jésus. Grandes figures. Ce tableau a été commandé par l'évêque de Cadix, qui a accordé 40 jours d'indulgence à ceux qui priaient devant lui.

MENESES.

306 — La sainte Vierge, sur les nuages, porte son divin fils, qui la couronne de fleurs.

BOCCANEGRA.

307 — Saint Antoine de Padoue portant l'enfant Jésus.

CUYP.

308 — Une jeune bergère.

309 — Une autre petite bergère : à ses côtés, deux agneaux.

JORDANS (Jacques).

310 — Un chasseur, entouré de ses chiens, appelle avec sa trompe le reste de sa meute.

CARLE MARATTE.

311 — La Vierge, les mains jointes et priant le ciel.

GAGES.

312 — Sujet tiré de l'histoire grecque.

BUONI JACOPO.

313 — Bélisaire conduit par son jeune guide.

SALVATOR ROSA.

314 — Paysage avec une bataille; sur le devant est représenté la mort d'Absalon.

SIGNORELLI.

315 — La sainte famille. Les figures sont représentées de grandeur naturelle.

EL GRECO.

316 — Saint François et un autre religieux dans un paysage.

MENESES OSORIO.

317 — Saint François de Paule.

POLANCOS.

318 — Saint Augustin en adoration devant une croix, qui lui apparaît dans le ciel.

HERRERA EL MOZO.

319 — L'assomption de la Vierge dans une gloire, et soutenue et entourée d'anges et de chérubins.

CAMILO.

320 — La fuite en Egypte.

VAN DER HAGEN.

321 — Le voyage de Rébecca.

CORNELIO SCHUT.

322 — Une Madeleine.

ECOLE LOMBARDE.

323 — Vénus, l'Amour et Vulcain.

HALS (François).

324 — Portrait d'homme tenant son chapeau sous le bras.

RECCO.

325 — Intérieur de cuisine. Grand tableau enrichi de figures et d'un grand nombre d'accessoires.

DEMARNE.

326. — Une grande route; un canal. Deux grands tableaux de place.

SNEYDERS.

327 — Un cerf à l'eau, poursuivi par des chiens.

JEAN DE TOLÈDE.

328 — Deux grandes batailles. Compositions capitales.

BASSAN.

329 — L'adoration des mages, peinte sur cuivre.

HELST (Van der).

330 — Le grand pensionnaire de Hollande, Jean de Witt tenant, une carte et un compas, et indiquant de la main un camp que l'on voit dans le lointain. Portrait en pied de grandeur naturelle.

ARDEMANS (Théodore).

331 — Jésus entouré d'une gloire rayonnante donne la communion à sainte Thérèse, à genoux devant lui.

SIXIEME VACATION.

ROTENHAMER.

332 — La Vierge, l'enfant Jésus et le petit saint Jean.

GONZALEZ COQUES.

333 — Portrait équestre d'un jeune prince tenant un faucon.

LYS (Van der).

334 — Une baigneuse dans un paysage.

SASSO FERRATO.

335 — La Vierge portant l'enfant Jésus.

BARROCHE.

336 — La visite de la Vierge à sainte Anne.
Une tête d'enfant.

BASSAN.

337 — L'adoration des bergers. Petit tableau sur cuivre.

HORMANS.

338 — Scène de cabaret.

FRANCK.

339 — L'adoration des mages. Petit tableau sur cuivre.

SCHIDONE.

340 — Deux petits amours dans un paysage.

VAN BALEN.

341 — Jeux d'enfans dans un paysage.

PIETRO DE PIETRI.

342 — L'annonciation à la Vierge. Gracieuse composition dans la manière du Guide.

CONCHILLOS.

343 — L'annonciation à la Vierge.

VICTORIA.

344 — Une cuisinière apprêtant du poisson.

BATONI.

345 — Tête de femme ayant sur la tête une guirlande de lierre.

HERRERA EL VIEJO.

346 — Le père éternel.

VICTORIA.

347 — Une cuisinière embrochant des poulets.

HUE.

348 — Paysage : effet du soleil couchant.

GUIDO CAGNACCI.

349 — Le Christ couronné d'épines.

MILLÉ (Francisque).

350 — Paysage : sur le devant, au bord d'une route, des voyageurs se reposent.

LE GUIDE (ou son Ecole).

351 — La sainte Vierge, les mains croisées sur la poitrine, regarde le ciel.

ZURBARAN.

352 — Saint François entouré d'une guirlande de fleurs.

LANFRANC.

353 — Un saint Pierre.

BATONI.

354 — Une tête de femme coiffée d'un turban blanc.

CEREZO.

355 — L'adoration des mages.

ALONSO CANO.

356 — Saint François mourant un crucifix entre les bras.

VILLAVICENCIO

357 — La sainte Vierge, tenant sur ses genoux son divin fils.

MEMSES.

358 — L'annonciation.

PORDENONE.

359 — La tête du Sauveur.

VERDIER.

360 — Saint Pierre couché dans un paysage.

PORBUS.

361 — Esther devant Assuérus. Grande composition.

VANTULDEN.

362 — Saint-François Stigmate en adoration devant une croix.

LEPICIE.

363 — Un jeune marchand tenant une lumière enveloppée de papier.

SOLIMÈNE.

364 — Une Madeleine, demi-corps, les mains jointes.

LUTTI (Benedetto).

365 — Une tête de femme.

FRANCK FLORIS.

366 — Adam et Eve, figures de grandeur naturelle.

CHAVARITO (Domingo).

387 — Sainte famille : l'enfant Jésus est placé entre la Vierge et saint Joseph qui le tiennent par la main.

PARMESAN.

368 — La sainte Vierge, assise dans un paysage, a son divin fils sur les genoux : elle est entourée d'une foule de petits anges qui lui offre des fleurs.

RUYSDAEL Salomon.

369 — Paysage marine, avec barques à la voile et bestiaux au bord de la mer.

GENNARI.

370 — Deux pendans tirés de l'histoire du bon Samaritain.

LOPEZ CALDERON.

371 — Saint Michel au milieu des anges.

TOLÉDO (Jean de).

372 — Deux batailles de cavaliers.

ÉCOLE ESPAGNOLE.

Le Christ, portant sa croix, apparaît à un religieux à genoux.

ÉCOLE HOLLANDAISE.

La tentation de saint Antoine.

CHEVALIER CONCA.

373 — Apparition de la sainte Vierge, entourée d'anges, à un religieux en prière.

PIETRO DE PIETRI.

374 — L'annonciation à la Vierge.

PROCACCINI.

375 — Un ange montrant le ciel à un jeune enfant.

ÉCOLE LOMBARDE.

376 — Jacob recevant de ses fils la tunique ensanglantée du jeune Benjamin.

CRETI (Dominique).

377 — Abraham, prêt à sacrifier son fils, est arrêté par l'ange.

VERONÈSE (Carletto).

378 — Repas de prélats sous le vestibule d'un palais.

BARRANCO (François).

379 — Des marchands de volaille.

FÉTI (Dominique).

380 — Sujet tiré de l'histoire. Figures grandeur naturelle.

CARREÑO.

381 — Portrait de Charles II d'Espagne, adolescent

PERIN DEL VAGA.

382 — Sujet mythologique.

JORDANS (Jacques).

383 — Une marche de Silène, escorté de nymphes et de satyres.

VIVIANI.

384 — Port de mer avec monumens d'architecture.

RIBERA (Joseph).

385 — Saint Pierre pleurant sa faute en entendant le coq chanter.

SASSO FERRATO.

386 — La sainte Vierge les mains jointes.

FERNANDÈZ.

387 — Saint François.

MARZO URBANO.

388 — La tête de la Vierge. Belle peinture sur fond d'or.

CAMPO LARGO.

389 — Saint Joseph tenant une branche de lis.

RAVENSTEIN.

390 — Des magistrats en prière : dans le fond, on aperçoit, sur l'autel, un tableau représentant l'adoration des mages ; les sept figures agenouillées sur le premier plan sont certaine-

ment des portraits d'illustres personnages, de grandeur naturelle.

ROUCHER.

391 — Jupiter et Calisto.
Jupiter et Antiope.
Jupiter et Io.
Ces trois tableaux : figures de grandeur naturelle.

VIGNON.

392 — Saint Jérôme écrivant : figure grandeur naturelle.

NUNEZ VILLA VICENCIO.

393 — La sainte famille dans un paysage : la Vierge a placé l'enfant Jésus sur le dos de l'agneau du petit saint Jean, et le promène ainsi ; des anges tenant une corbeille de fleurs en sèment sur leur passage ; d'autres anges tenant des fruits voltigent dans les airs.

Le pendant représente également la sainte famille se reposant dans un paysage ; la Vierge, assise et tenant son fils sur ses genoux, regarde des anges qui dansent aux accords d'un concert céleste exécuté par des anges.

Ces deux capitales compositions rappellent les ouvrages de Van Dyck et de Murillo.

CALVART (Denis).

394 — Jésus entouré de ses apôtres et guérissant un malade : figures de grandeur naturelle.

ANDREA DEL SARTO.

395 — Abraham, le couteau levé et prêt à sacrifier son fils, est arrêté par la voix de l'ange qui descend du ciel, et lui annonce la volonté de Dieu.

CARRACHE (Annibal).

396 — L'ascension du Christ. Composition de proportion colossale, où l'on retrouve les beautés et l'énergie de ce grand peintre.

SEPTIEME VACATION.

VANDER WERFF.

397 — Le jugement de Paris. Miniature.

OTTOVENUIS.

398 — La Vierge portant son divin fils. Petit tableau.

FRANCK.

399 L'adoration des Mages. Petit tableau sur cuivre.

SCHIDONE (Ecole de).

400 — Une Madeleine. Petit tableau.

KOBELL.

401 — Une vache s'abreuvant dans une mare.

VINANTZ.

402 — Petit paysage.

ÉCOLE FRANÇAISE.

403 — Des petits amours voltigeant. Deux penadns de petite dimension.

FIAMONGO.

404 — L'adoration des bergers. Petit tableau.

TENIERS (Ecole de).

405 — Intérieur de cabaret : on y voit quatre fumeurs.

SALVATOR ROSA.

406 — Saint François-Xavier, prêchant au bord de la mer.

TOBAR.

407 — La sainte famille se reposant dans un paysage.

DIAZ.

408 — Saint Joseph portant l'enfant Jésus. Petit tableau.

ROTENHAMER.

409 — Le Christ flagellé et insulté par des bourreaux. Petit tableau sur bois.

CRASBEECK.

410 — Un portrait d'homme portant un manteau. Petit tableau.

ROTENHAMER.

410 bis. — Un enfant, appuyé sur une tête de mort, tient un flambeau renversé, et regarde un enfant mort à ses pieds. Tableau allégorique.

INCONNU.

411 — De petits amours dansant dans un paysage.

GONZALÈS COQUES.

412 — Saint Dominique écrivant sous l'inspiration du Saint-Esprit.

GUISTAIN (Etienne).

413 — Un festin dans un parc.

Le pendant représente une famille faisant de la musique. Ces deux agréables compositions rappellent l'école de Watteau.

Le chevalier LELI.

414 — Portrait de M. de Paw.

PRIMATICE.

415 — Des nymphes exécutant un concert.

CARRACHE (Attribué au).

416 — Bataille d'enfans dans un paysage.

CORREGE (Ecole du).

417 — La Madeleine liseuse couchée dans un paysage.

BORDONE (Paris).

418 — L'amour soulevant un voile qui laisse voir sa mère endormie dans un paysage.

INCONNU.

419 — Tête de Jésus adolescent.

CEREZO MATEO.

420 — L'enfant Jésus, entouré des instrumens de la passion, paraît implorer le ciel.

MURILLO.

421 — Saint Jean enfant, endormi dans un paysage.

DANIEL DE VOLTERRE (École de).

422 — La Vierge tenant sur ses genoux l'enfant Jésus, auprès d'elle le petit saint Jean : fond de paysage où l'on aperçoit des pasteurs.

CONTARINO (G.).

423 — Vénus et Mars désarmé par l'amour : dans le fond on aperçoit les forges de Vulcain.

CIEZA.

424 — La sainte famille dans un paysage : la Vierge met son divin fils sur l'agneau que tient le petit saint Jean : figures de proportion naturelle.

BELLINI (J.).

425 — La Circoncision de Notre-Seigneur.

POMPONIO DAVITO.

426 — Une grande réunion d'enfans célébrant la fête de Pomone : figures de grandeur naturelles.

SAAVEDRA.

427 — Jésus au milieu des docteurs.

CORRÈGE (Ecole du).

428 — La Madeleine tenant une tête de mort, auprès d'elle deux anges.

PIETRE DE CORTONE.

429 — Le martyre de saint Laurent. Grande composition.

SALVIATI.

430 — Saint Jean baptisant Jésus dans les eaux du Jourdain.

NATIER.

431 — Portrait d'une maîtresse de Louis XV : elle est représentée sous la figure de Melpomène et soulève un rideau qui laisse voir une scène de comédie.

432 — Le pendant est également une autre maîtresse du roi : elle se voit sous la figure de Terpsichore.

LUCA GIORDANO.

433 — Apelle peignant une Vénus d'après les cinq jeunes filles qu'il avait choisies. Les figures sont de grandeur naturelle.

VANNI (François).

434 — Sainte Cécile chantant est accompagnée par des anges.

VARELA.

435 — Le Christ au jardin des Oliviers.

VALDES LEAL.

Sujet mystique. Esquisse.

LUCA GIORDANO.

436 — Un saint martyr près d'être décapité.

ÉCOLE VÉNITIENNE.

437 — La toilette de Vénus : dans le fond on aperçoit des jardins où des sociétés se livrent à divers amusemens.

RISUENO.

438 — Un religieux en prière devant l'autel de la Vierge.

INCONNU.

439 — Deux grandes marines.

BATONI (Pompeo).

440 — Vénus endormie.

ECOLE DE WATTEAU.

441 — Danse dans un parc. Grand tableau.

CABOT.

442 — Six tableaux de singes, sujets caricatures.

ESTEVAN (Marc).

443 — Une grande bataille de cavalerie.

REYNOSO.

444 — Un saint François.

DELGADO.

445 — Tête de moine en extase.

PEDRO (Antonio).

446 — La présentation au Temple.

UN FLAMAND (en Italie).

447 — La Vierge, l'enfant Jésus et deux anges.

CASTILLO (Jean del).

448 — Sainte Agnèse, portant une palme et un agneau.

BARROCHE.

449 — Le Christ porté au tombeau.

ÉCOLE ESPAGNOLE.

450 — La sainte famille dans un temple.

ANTOLINEZ.

451 — Paysage : sur le devant Jésus entouré de ses disciples appelle à lui les petits enfans.

452 — Autre paysage, pendant du précédent : sur le devant des pâtres font abreuver leurs troupeaux.

CANO (Alonso.)

453 — Le Christ à la colonne.

— Le Christ portant sa croix.

ZURBARAN.

454 — Un saint martyr ayant un poignard dans le sein, regarde le ciel.

ESCALANTE.

455 — Saint Jérôme en prière.

456 — Une sainte religieuse recevant la communion.

MENESES OSORIO.

457 — Un saint ermite en prière, les mains jointes et les yeux élevés vers le ciel.

CANO (Alonso).

458 — Adam et Eve chassés du paradis par l'ange tenant une épée flamboyante.

GIORDANO (Luca).

459 — Jésus entrant dans Jérusalem.

PACHECO.

460 — Sainte Agnès apparaît à une jeune femme endormie.

LE SUEUR.

461 — Phaéton demandant à son père à conduire le char du soleil. Grande composition.

VELASQUEZ.

462 — Un bourreau près de décapiter saint Jean dans sa prison : Hérodiade et un suivant regardent cette scène. Cet tableau a été fait pour Velasquez pour le couvent de Saint-Léandro de Séville.

www.ingramcontent.com/pod-product-compliance
Ingram Content Group UK Ltd.
Pitfield, Milton Keynes, MK11 3LW, UK
UKHW021502260726
13993UKWH00004B/1529